Coaching pro | numéro 8

HARCÈLEMENT MORAL :
COMMENT EN VENIR À BOUT ?

Apprendre à le repérer
et à s'en protéger

par Benjamin Fléron

50MINUTES

LE HARCÈLEMENT MORAL AU TRAVAIL

- **Problématique ?** Comment reconnaître les situations de harcèlement moral en milieu professionnel, apprendre à s'en prémunir ainsi qu'à y réagir efficacement le cas échéant ?
- **Utilité ?** Le harcèlement moral n'étant pas rare dans le monde du travail, il est utile de pouvoir prévenir, repérer et pallier ce genre de situation problématique.
- **Contexte professionnel ?** Psychologie du travail, droit du travail, ressources humaines.
- **FAQ ?**
  - Comment savoir avec certitude si l'on est victime de harcèlement ?
  - Comment se prémunir et se défendre en cas de harcèlement ?
  - Que faire si je constate une situation de harcèlement envers un de mes collègues ?
  - Que faire si un proche, victime de harcèlement, se confie à moi ?
  - Qu'est-ce que le *mobbing* ?
  - Le harcèlement peut-il être organisé ?
  - Que risque-t-on si l'on porte plainte pour harcèlement ?
  - Qu'en est-il du harcèlement sexuel ?

Insultes, moqueries, mises à l'écart et humiliations publiques : autant de comportements dégradants et d'atteintes à la dignité que l'on imagine plus aisément dans une cour d'école que dans les bureaux d'une entreprise. C'est pourtant le quotidien de bon nombre de travailleurs, victimes de ce que l'on appelle le harcèlement moral. Indépendants ou fonctionnaires, petits employés ou cadres supérieurs, personne ne peut se prétendre à l'abri de ce phénomène aux conséquences bien souvent désastreuses. Cependant, ne peut-on vraiment rien y faire ?

Véritable problème international, le harcèlement moral en milieu professionnel ne vous est sans doute pas complètement inconnu. Peut-être, comme la plupart des gens, en avez-vous simplement entendu parler au journal télévisé ou au détour d'une conversation. Peut-être, au contraire, y avez-vous déjà été indirectement confronté, par l'entremise d'un proche ou d'un collègue qui se serait lui-même retrouvé impliqué dans une affaire de ce genre. Peut-être, enfin, connaissez-vous particulièrement bien la situation, pour l'avoir déjà vécue ou pour en faire en ce moment même la douloureuse expérience.

Quel que soit le rapport que vous entretenez avec ce triste phénomène et même si vous pensez qu'il ne vous concerne pas, il est d'une importance capitale que vous en refusiez la banalisation et que vous vous armiez pour y faire face. Car, que vous soyez employé ou chef d'entreprise, vous en êtes une victime potentielle à plus d'un égard. Si vous commettez l'erreur de ne pas accorder à ce problème l'importance qu'il mérite, les répercussions de cette négligence pourraient bien se révéler catastrophiques, pour vous comme pour votre entreprise.

B.A.-BA DU HARCÈLEMENT MORAL

UN PROBLÈME INDIVIDUEL AUX RÉPERCUSSIONS GLOBALES

La psychiatre Marie-France Hirigoyen, véritable référence en la matière et auteure de nombreux ouvrages sur le sujet, définit le harcèlement moral en milieu professionnel comme « toute conduite abusive se manifestant par des comportements, des paroles, des actes, des gestes, des écrits unilatéraux de nature à porter atteinte à la personnalité, à la dignité ou à l'intégrité psychique d'une personne, à mettre en péril son emploi ou à dégrader le climat de travail » (HIRIGOYEN (Marie-France), *Le harcèlement moral : la violence perverse au quotidien*, Paris, La Découverte, 1998).

Ainsi le harceleur dispose-t-il dans son arsenal d'un nombre impressionnant d'armes différentes pour s'attaquer à la personne sur laquelle il a jeté son dévolu, et il ne se prive pas de faire mauvais usage de chacune d'entre elles. Paroles blessantes, actes humiliants, gestes déplacés, e-mails assassins : tous les moyens sont bons pour faire craquer sa victime, qui ne comprend pas ce qui lui arrive et ignore comment gérer la situation.

De fait, face à pareil déferlement de haine, cette dernière n'est évidemment pas préparée, et avant même qu'elle ait pu réagir, il est souvent déjà trop tard : prise dans l'engrenage, elle ne sait plus comment s'en sortir et, loin de remonter à la surface, s'enfonce davantage. Les conséquences sont désastreuses, aussi bien sur le plan physique qu'émotionnel : problèmes nerveux, troubles du sommeil et de l'appétit, ulcères à l'estomac, tristesse, colère, sentiment d'impuissance et de nullité... Cela peut aller jusqu'à des troubles psychologiques lourds, tels que la dépression, le burn out, l'hospitalisation, l'internement psychiatrique ou même, dans le pire des cas, le suicide.

La situation a également des répercussions sur l'entreprise qui emploie les deux protagonistes : les arrêts maladie qui se multiplient, les coups bas qui retardent la réalisation d'un dossier ou qui l'empêchent carrément d'aboutir, le climat de travail qui se dégrade à vue d'œil, la peur constante dans laquelle évolue l'un et les manigances incessantes qui consomment l'énergie de l'autre... Tout cela ne contribue pas à améliorer la productivité et le rendement de la société, et peut même nuire grandement à son image en cas de battage médiatique.

CROYANCES ET IDÉES REÇUES

En matière de harcèlement, et en particulier de harcèlement au travail, certains mythes ont la vie dure. Ce ne serait pas dramatique si ces clichés ne permettaient pas à beaucoup de harceleurs de passer inaperçus et de continuer à opérer en restant au-dessus de tout soupçon.

Aujourd'hui encore, nombreuses sont les personnes qui ne s'imaginent pas être les souffre-douleur d'un harceleur patenté pour la seule (et mauvaise) raison que leur bourreau ne correspond pas à la représentation mentale qu'ils se font de pareils individus. C'est également en suivant ce raisonnement fallacieux que bon nombre de gens refusent encore d'accorder du crédit aux propos de certaines victimes, qui finissent par désespérer qu'on les croie un jour. Pour ces raisons, il apparaît plus qu'urgent de remplacer les différents lieux communs qui circulent encore sur ce phénomène par quelques vérités.

Un harceleur n'est pas obligatoirement le supérieur hiérarchique de sa victime

Il s'agit sans aucun doute de l'idée reçue la plus répandue en matière de harcèlement au travail et, par conséquent, de l'erreur la plus fréquemment commise sur le sujet. Si nous avons tous en tête cette image d'Épinal du patron caractériel hurlant sur son employé terrorisé, la réalité est parfois tout autre.

S'il est vrai que le phénomène de harcèlement au travail est plus souvent d'ordre « vertical descendant » (comme dans l'exemple susmentionné), il peut également se produire entre simples collègues de bureau. On parle à ce moment-là de harcèlement « horizontal ».

Plus surprenant encore, plus rare également, mais non moins avéré, il existe aussi un type de harcèlement dit « vertical ascendant » : les employés d'un même service, impuissants face au licenciement du supérieur qu'ils appréciaient tant, peuvent considérer son successeur comme un parvenu et se mettre à le tyranniser.

Si le phénomène de harcèlement est intrinsèquement lié à des jeux de pouvoir et met toujours en scène un dominant et un dominé, le fait que ce rapport de force ait un caractère officiel n'est pas une condition *sine qua non*.

Un harceleur n'est pas forcément un homme

Si c'est effectivement le cas dans la plupart des affaires de ce genre selon les différentes études en la matière, une femme peut tout aussi bien se révéler coupable de harcèlement, en ce compris lorsque la victime est un homme. S'il n'est déjà pas facile de s'avouer victime de harcèlement et d'oser en parler autour de soi, on ne peut qu'imaginer à quel point cela peut être pénible pour un homme d'admettre être tyrannisé par une femme : peur du ridicule, de ne pas être cru, d'inspirer de la pitié chez ses pairs masculins…

Un harceleur n'apparaît pas comme un monstre infréquentable

« Si j'en côtoyais un, je le saurais ! » vous dites-vous peut-être. Ou encore « Cette personne me rend la vie impossible, mais si c'était vraiment un harceleur, je ne serais pas le seul à le penser ni le seul à avoir des problèmes avec elle… »

On touche ici à l'un des nœuds du problème : en apparence, un harceleur n'a bien souvent rien de monstrueux. Cela peut paraître paradoxal, mais aux yeux du monde, il apparaît généralement comme un individu tout à fait normal. En effet, il n'est pas du genre à attaquer sans faire de distinction, mais bien à choisir une seule victime parmi la foule, une proie sur laquelle concentrer ses efforts et sa malveillance.

De plus, il s'y entend pour opérer discrètement, pour détourner les éventuels soupçons et surtout pour faire passer sa victime pour une personne paranoïaque qui s'imagine être persécutée. Si incessantes qu'elles soient, les critiques et remarques blessantes ne sont ainsi jamais assénées sur un ton menaçant ou désagréable, mais glissées sur celui de la conversation, déguisées en compliment, ou encore exprimées le sourire aux lèvres, comme s'il ne fallait pas les prendre au sérieux.

En vérité, et contrairement à ce que l'on s'imagine généralement, nombreux sont les harceleurs qui apparaissent très fréquentables aux yeux de ceux qui n'ont pas à subir leurs agissements au quotidien.

Une victime n'est pas une personne fragile de nature

On a souvent tendance à se représenter les victimes de harcèlement comme autant d'individus naturellement fragiles, ayant connu toute leur vie des situations similaires : souffre-douleurs durant leur scolarité, canards boiteux au sein de leur famille… Il n'est en réalité rien de plus faux. Le mythe de la frêle victime, timide et craintive, qui tendrait presque le bâton pour se faire battre a assez vécu et il est temps de le désacraliser. Nous sommes toutes et tous des victimes potentielles de harcèlement, et ce, quels que soient notre personnalité et notre caractère. Forts, intelligents ou instruits, nous restons humains avant tout et connaissons tous des moments plus difficiles. Il est des événements auxquels nous ne pouvons échapper et qui nous fragilisent immanquablement : une rupture, la perte d'un proche, la maladie, ou même tout simplement l'apparition d'une situation inhabituelle – comme l'entrée sur le marché du travail par exemple –, demandant un temps d'adaptation. Baissez la garde un seul instant et l'agresseur aura tôt fait de s'engouffrer dans la brèche, le terrible engrenage se mettant alors silencieusement en place.

CROYANCES ERRONÉES : EN BREF

- Un harceleur
    - n'est pas obligatoirement le supérieur hiérarchique de sa victime ;
    - n'est pas toujours un homme ;
    - n'est pas facilement repérable.
- N'importe qui peut se retrouver victime de harcèlement.

« SUIS-JE VICTIME DE HARCÈLEMENT ? »

Aussi étrange que cela puisse paraître, être sûr à 100 % que l'on est victime de harcèlement au travail n'est pas toujours chose aisée. Ce collègue qui ne vous apprécie guère et qui semble prendre un malin plaisir à vous envoyer avec un temps de retard les informations dont vous avez impérativement besoin vous harcèle-t-il ? Et qu'en est-il de ce chef de service si exigeant qui n'hésite jamais à hausser le ton lorsqu'un dossier n'est pas mené comme il l'entend ? Quant à votre patron, qui ne manque jamais de faire rire la galerie en multipliant les plaisanteries sur vos petites erreurs professionnelles, est-il autre chose qu'un blagueur à l'humour douteux ?

Incompréhensions, tensions et franches inimitiés ne sont évidemment pas rares dans le microcosme du bureau. Par conséquent, il est parfois difficile de faire la part des choses entre les comportements traduisant une simple incompatibilité de caractères et les agissements relevant davantage du harcèlement moral et psychologique. Fort heureusement, si le harcèlement peut se manifester de bien des manières, il existe des signes qui ne trompent pas et que l'on retrouve presque à coup sûr dans la plupart des cas de harcèlement. Faisant quasiment figure d'indices révélateurs semés par le coupable, ils vous aideront à déterminer avec certitude si vous êtes ou non la proie d'un harceleur.

Les agissements sont répétés et s'inscrivent dans la durée

Discussions houleuses, propos blessants, rumeurs pernicieuses et petits coups bas sont malheureusement monnaie courante dans le monde professionnel, à plus forte raison si le secteur dans lequel vous travaillez est fortement concurrentiel et encourage la compétition entre collègues.

- Exceptionnellement de mauvaise humeur, votre patron hausse le ton et remet en cause la qualité de votre travail alors que vous estimez n'avoir rien à vous reprocher.
- En proie à des difficultés personnelles passagères, un collègue habituellement affable et chaleureux se montre soudain distant, répondant sèchement lorsque vous lui adressez la parole.

- Désireux de se faire bien voir en vue d'une promotion, un autre d'ordinaire bon camarade n'hésite pas à rapporter la moindre de vos erreurs à votre supérieur hiérarchique.

Aussi désagréables à vivre soient-elles, ces différentes situations sont inhérentes à la vie en entreprise et ne sont pas à classer dans la colonne du harcèlement si elles demeurent occasionnelles. Pour qu'il y ait harcèlement, il faut impérativement qu'il y ait une répétition des attaques dans la durée, l'auteur des faits récidivant régulièrement, et ce pendant plusieurs mois.

Les attaques sont personnelles, individualisées et gratuites

Ce n'est pas après votre travail que le harceleur en a, mais bien après ce qui fait votre personnalité. À ce titre, les méchancetés qu'il vous assène et les attaques qu'il multiplie à votre égard n'ont bien souvent pas le moindre rapport avec la qualité du travail que vous fournissez, mais sont plutôt directement dirigées contre votre personne : moqueries au sujet de votre physique, sarcasmes sur votre diction ou votre accent, plaisanteries racistes ou sexistes, imitations parodiques dégradantes, railleries sur votre vie privée... Tout est susceptible d'être dénigré, le harceleur ne se limitant pas à un seul angle d'attaque.

Le harceleur cherche à vous isoler physiquement et/ou psychologiquement

La plupart des harceleurs excellent véritablement dans cet art, qu'ils peuvent exercer de plusieurs manières différentes. Certains se montrent ainsi particulièrement habiles lorsqu'il s'agit de colporter des rumeurs sans avoir l'air impliqués, alors même qu'ils sont à l'origine de ces dernières. Le temps aidant et à force d'insistance, ces calomnies deviennent de fausses vérités que plus personne ne songe à remettre en cause. Il n'en faut pas plus pour que la cible de ces médisances se retrouve mise à l'écart par des collègues qui ne lui font plus confiance et préfèrent se ranger du côté du coupable.

Car, en restant maître de lui-même en toutes circonstances tandis que, piques après piques, il pousse lentement mais sûrement sa victime à bout, le harceleur s'attire la sympathie des personnes extérieures à la situation, qui ne remarquent pas son travail de sape, mais ne peuvent passer à côté des réactions épidermiques de sa victime.

Isolée, sans soutien, et persuadée d'être abandonnée, celle-ci est ainsi d'autant plus vulnérable et beaucoup plus sensible aux attaques. Si, par malheur, le harceleur est également le supérieur hiérarchique de sa proie et qu'il en a les moyens et le pouvoir, il peut également chercher à la séparer « physiquement » du reste de ses collègues, en ne lui confiant par exemple que des tâches nécessitant sa présence ailleurs, loin de ses pairs, ou en lui attribuant un nouvel espace de travail complètement isolé.

Le harceleur cherche à empêcher sa victime d'accomplir son travail

Loin de se contenter de rabaisser continuellement sa victime, le harceleur s'acharne également à l'empêcher de mener à bien sa mission. Les techniques qu'il met en œuvre pour ce faire sont aussi nombreuses que variées et dépendent entre autres des liens de pouvoir qu'il partage avec celle-ci.

- S'il s'agit de son supérieur hiérarchique, il peut fort bien s'y prendre en la chargeant d'une mission aux contours mal définis, pour laquelle il multipliera ordres et consignes contradictoires.

- Il peut également confier à son subordonné des tâches pour lesquelles il n'est pas assez qualifié, ou au contraire des missions peu glorieuses et dégradantes compte tenu de ses qualifications et de son niveau d'études : par exemple, une personne bardée de diplômes se verra demander de préparer le café ou sera assignée au classement d'archives sans importance, tandis qu'un jeune travailleur sans formation ni expérience sera chargé de mener à bien des dossiers extrêmement complexes et requérant un trop grand degré de spécialisation.

- Le harceleur peut également procéder en choisissant de garder par-devers lui des informations capitales pour la bonne réalisation d'une mission, ne les communiquant que partiellement ou encore au tout dernier moment, de manière à attirer des ennuis à sa victime ou à pouvoir lui-même le réprimander pour le retard qu'il a pris.

EMPLOYEURS : MIEUX VAUT PRÉVENIR QUE GUÉRIR

L'adage a beau être vieux comme le monde, il ne s'applique pas moins parfaitement à la situation présente. En effet, sans même parler de ceux qui auraient pu être prévenus et endigués en amont, un grand nombre de cas de harcèlement moral au travail auraient pu être résolus avant que la situation ne s'envenime si les employeurs s'étaient montrés davantage responsables et intéressés par ce phénomène.

Il n'est en effet pas impossible de se prémunir contre bon nombre de débordements en agissant de manière proactive et en posant quelques gestes forts par anticipation. Vous pouvez éviter la plupart des écueils courants en matière de harcèlement en milieu professionnel en appliquant simplement les quelques principes fondamentaux décrits ci-dessous.

Des conditions de travail décentes et équitables

Éclairage défaillant, radiateurs en panne, murs défraîchis, ordinateurs antiques et en nombre insuffisant... Autant de manquements matériels élémentaires susceptibles d'influer sur l'humeur de vos employés et de créer une ambiance de travail délétère. En effet, lorsque ceux-ci ne s'estiment pas logés à la même enseigne et que certains bénéficient de meilleures conditions de travail que d'autres, un fort sentiment d'injustice et d'iniquité peut voir le jour chez vos employés et mener à de graves problèmes relationnels entre collègues, problèmes pouvant eux-mêmes conduire à des situations de harcèlement.

Une bonne circulation de l'information

Pour éviter qu'incompréhensions et malentendus se multiplient entre vos employés, il est impératif que l'information soit non seulement claire et précise, mais également qu'elle circule correctement et parvienne au même moment à l'ensemble de votre personnel. Des consignes floues et approximatives mènent bien souvent à des interprétations différentes et contradictoires ainsi qu'à des tensions inutiles. Veillez donc à garantir une transparence absolue de l'information et une parfaite fluidité dans sa transmission.

Une juste répartition des tâches

Veillez à ne pas surcharger certains de vos employés pendant que d'autres se retrouvent inoccupés. Cela aurait des effets néfastes sur le moral de tout le monde. Tandis que les premiers auraient la désagréable impression d'être les dindons de la farce et nourriraient à coup sûr un fort ressentiment à l'égard de leurs collègues qui ne font pas leur part de travail, les seconds se sentiraient au mieux complètement inutiles, au pire grandement mésestimés. Il est essentiel que chaque employé abatte sa juste quantité de travail et que les tâches qui lui sont confiées correspondent non seulement à ses compétences, mais entrent également dans ses attributions.

Un climat de travail serein

S'il est vraiment impératif que vous réprimandiez sévèrement l'un de vos employés et que, dans le même temps, vous souhaitez féliciter chaudement l'un de ses collègues directs pour la qualité de son travail, ayez la présence d'esprit de prendre chacun des protagonistes à part plutôt que de vous livrer à une démonstration publique. Dans le même ordre d'idées, évitez autant que faire se peut de distribuer des primes à la performance et de succomber à la tentation du « meilleur employé du mois ». Pareilles actions ne feraient qu'attiser la jalousie entre collègues. N'oubliez pas que vos employés ne sont pas censés être rivaux mais bien coéquipiers.

ACTIONS EMPLOYEUR : EN BREF

* Garantissez des conditions de travail décentes et équitables.
* Veillez à la bonne circulation de l'information.
* Assurez une juste répartition des tâches.
* N'encouragez pas la compétition entre collègues.

« JE SUIS VICTIME DE HARCÈLEMENT AU TRAVAIL ! COMMENT M'EN SORTIR ? »

Vous avez pris le temps d'analyser posément les faits et en êtes arrivé à l'effrayante conclusion que vous étiez bel et bien victime d'un harceleur au travail ? Ne paniquez pas, la situation n'est pas irrécupérable. Si vous avez toujours la possibilité de fuir votre harceleur, il existe d'autres moyens, beaucoup moins extrêmes, de vous en sortir. Avant de commettre l'irrémédiable, laissant par là même votre harceleur impuni et libre de recommencer avec le prochain individu de son choix, prenez le temps d'envisager chacune de ces solutions.

Se confier

Beaucoup de victimes de harcèlement n'osent pas en parler et laissent la situation se dégrader jusqu'à atteindre le point de non-retour. Ne soyez pas du nombre !

Nous l'avons vu : les harceleurs savent comment isoler leurs proies et les persuader qu'elles sont seules et abandonnées de tous, et qu'elles ne peuvent par conséquent espérer recevoir de l'aide. C'est évidemment dans leur intérêt : la solitude rend fragile et vulnérable, là où le soutien et l'écoute renforcent. Certains harceleurs sont tellement retors qu'ils parviennent même à instaurer le doute dans l'esprit de leurs victimes quant à la légitimité de leurs agissements. « Ne l'ai-je pas mérité ? Et puis, est-ce vraiment du harcèlement ? Ne suis-je pas en train d'imaginer cette situation ? » Si vous en êtes à vous poser ce genre de questions, parlez-en impérativement autour de vous ! Contrairement à ce que vous croyez peut-être, vous n'êtes pas seul.

Accumuler les preuves matérielles

Le harcèlement n'est pas toujours facile à démontrer, et cela se résume bien (trop) souvent à la parole de l'un contre la parole de l'autre. S'ils peuvent éventuellement vous aider à prouver la véracité de vos dires, il serait hasardeux de compter uniquement sur le soutien et les témoignages de vos collègues, qui peuvent craindre pour leur place et choisir de se taire, ou encore s'être laissé séduire par votre harceleur au point de lui accorder davantage de crédit qu'à vous. Il est également envisageable qu'ils ne se soient même pas rendu compte du drame qui se jouait sous leur nez.

Le mieux à faire est donc encore d'accumuler le plus de preuves matérielles possible et de les conserver précieusement en vue de la confrontation prochaine. Mails insultants, SMS injurieux, mémos contradictoires, consignes vagues et ambigües, informations envoyées en dernière minute et critiques sur votre lenteur dans la foulée... Ne laissez rien passer, gardez tout ! Si possible, essayez également de tenir un journal, que vous remplirez chez vous et conserverez hors de portée de quiconque, et dans lequel vous consignerez soigneusement le moindre agissement déplacé, le moindre propos dégradant.

Garder son sang-froid

En vous rendant la vie impossible, le harceleur cherche à vous faire sortir de vos gonds. Ne lui donnez pas ce plaisir et accueillez ses attaques avec indifférence. En apparence, celles-ci ne doivent pas vous atteindre, mais glisser sur vous comme si elles n'avaient pas la moindre importance. Par exemple, utilisez l'humour pour répondre à ses remarques désagréables. N'oubliez jamais qu'un harceleur a impérativement besoin d'une victime pour exister et qu'il n'y a pas de victime sans agression. En refusant de considérer ses remarques et moqueries comme autant d'attaques personnelles, c'est le statut de souffre-douleur que vous refusez, le privant par la même occasion de toute emprise sur vous.

De plus, ne perdez pas de vue que lui-même est toujours d'humeur égale et ne hausse jamais le ton. En dissimulant remarques dégradantes et propos insultants sous le couvert de la plaisanterie, il n'attire pas l'attention et passe aisément pour M. ou Mme Tout-le-Monde. Répondez-lui sur le même ton rieur, ou expliquez-lui calmement mais fermement qu'il franchit vos limites et que vous n'êtes pas prêt à le laisser faire. Si vous ne vous montrez pas aussi imperturbable que lui et réagissez avec véhémence au moindre de ses propos, le harceleur aura tôt fait de jouer la carte du malentendu et de vous rendre infréquentable aux yeux du monde en vous faisant passer pour un individu paranoïaque et méfiant à l'excès. Refusez de passer pour le méchant de l'histoire et de creuser votre propre tombe : gardez votre sang-froid.

Confronter le harceleur

Avant de multiplier les congés maladies et de songer à démissionner pour ne plus avoir à subir les attaques incessantes de votre harceleur, pensez à le confronter et à chercher un éventuel terrain d'entente. Provoquez une discussion en présence du conseiller en prévention de votre entreprise et profitez-en pour clarifier la situation. Montrez-lui que vous n'êtes pas disposé à vous laisser faire et que vous êtes prêt à faire valoir vos droits, quitte à aller en justice si cela s'avère nécessaire. Peut-être cela le forcera-t-il à corriger son comportement envers vous.

- Parlez-en autour de vous.
- Amassez et conservez un maximum de preuves matérielles.
- Restez de marbre face aux attaques.
- Confrontez le harceleur et menacez-le de porter plainte.

TOP CONSEILS

- Soyez proactif ! N'attendez pas de vous retrouver en situation de harcèlement pour (ré)agir, prenez plutôt les devants et prémunissez-vous autant que possible. Relevez les divers manquements de votre entreprise en matière de harcèlement, qu'ils soient d'ordre structurel (problèmes d'infrastructure ou d'équipements, mauvaise circulation de l'information, répartition inéquitable des tâches, etc.) ou humain (manque de prévention, mauvaise ambiance, climat concurrentiel, etc.), et faites-en part autour de vous, ou prenez les mesures qui s'imposent si vous en avez le pouvoir.

- Travaillez votre estime personnelle ! De la même manière que les requins flairent l'odeur du sang, les harceleurs repèrent aisément les failles intimes et savent frapper là où ça fait mal. N'oubliez pas que personne n'est parfait et que nul n'est bon à rien. Reconnaissez vos qualités et apprenez à accepter vos défauts, vous n'offrirez de ce fait aux harceleurs potentiels aucune aspérité à laquelle s'accrocher.

- Refusez le statut de victime ! Ne rentrez pas dans le jeu du harceleur en endossant le rôle du dominé. Faites preuve de fermeté, fixez des limites claires quant à ce que vous êtes prêt à accepter et ne laissez personne les transgresser impunément. Prenez conscience de vos droits en tant que travailleur et n'hésitez pas à les faire valoir si besoin est.

- Ne perdez pas de vue la mission pour laquelle vous avez été engagé et n'hésitez pas à demander à votre supérieur de la clarifier s'il le faut. Cela vous aidera à déterminer ce qui rentre dans vos attributions et relève de vos compétences, et ce qui n'est au contraire pas de votre ressort. Votre rôle clairement défini, il sera plus difficile de vous confier des tâches qui ne vous incombent pas et pour lesquelles vous n'êtes pas qualifié.

- Exprimez-vous ! Le silence est le meilleur ami du harceleur, alors mettez des mots sur ce qu'il vous fait vivre. Simplement, sans en rajouter, relevez à voix haute chacun de ses propos déplacés. Puisqu'il multiplie les remarques de manière à convaincre insidieusement votre entourage de leur bien-fondé, agissez en suivant le même principe : à chaque fois qu'il s'en prend à vous, faites simplement remarquer autour de vous, sur le ton de la plaisanterie par exemple, qu'il semble vous en vouloir personnellement. Cette idée fera du chemin dans l'esprit de vos collègues, qui finiront par relever eux-mêmes ses agissements étranges. Enfin, si vous n'osez pas en parler ouvertement ou si vous pensez que votre entourage est contre vous et que personne ne vous croira, partager vos souffrances de manière anonyme sur Internet peut être une solution. Vous vous rendrez rapidement compte que vous n'êtes pas seul et que d'autres vivent le même calvaire que vous. Cela vous aidera à comprendre qu'il y a tout lieu de faire part à un tiers de votre situation, dont vous êtes la victime et non le coupable.

F.A.Q.

COMMENT SAVOIR AVEC CERTITUDE SI L'ON EST VICTIME DE HARCÈLEMENT ?

S'il n'est pas toujours évident de savoir si l'on est pris pour cible par un harceleur, il est des signes communs à la plupart des situations de ce genre et qui peuvent vous permettre d'y voir plus clair. On parle généralement de harcèlement lorsqu'il y a :

- répétition des faits (au moins une fois par semaine) dans la durée (plusieurs mois durant) ;
- attaques personnelles et individualisées sans lien avec le travail telles que moqueries sur le physique, l'intelligence ou la personnalité, imitations dégradantes, diffusion de rumeurs sur la vie privée, etc. ;
- empêchement prémédité de faire son travail correctement, via une pression démesurée imposée, un matériel défectueux injustement attribué, des consignes nébuleuses ou contradictoires, de la rétention d'information, l'assignation à des tâches incohérentes ou pour lesquelles la victime n'est pas/est trop qualifiée, etc. ;
- isolement et mise à l'écart (invention de rumeurs ayant pour objectif d'ostraciser, accusations de paranoïa et de réactions excessives en cas de réponse véhémente aux agissements, attribution de tâches à réaliser en solitaire ou d'un espace de travail isolé).

COMMENT SE PRÉMUNIR ET SE DÉFENDRE EN CAS DE HARCÈLEMENT ?

- S'affirmer : développer son estime personnelle, prendre conscience de ses qualités et accepter ses défauts. Connaître ses droits et ne pas hésiter à les faire valoir.

- Se confier : à la famille, au conseiller en prévention, au responsable des ressources humaines ou encore au médecin du travail.
- Garder son sang-froid : rester imperturbable et impassible. Ne pas réagir en victime afin de priver le harceleur de son pouvoir.
- Amasser des preuves : conserver mails, SMS, mémos ou notes susceptibles de prouver qu'il y a bien harcèlement. Tenir un journal des agissements du harceleur en vue d'une éventuelle confrontation en justice.
- Confronter le harceleur en présence du conseiller en prévention : discuter de son comportement et chercher à régler le problème à l'amiable. Porter plainte devant la justice si rien ne change.

QUE FAIRE SI JE CONSTATE UNE SITUATION DE HARCÈLEMENT ENVERS UN DE MES COLLÈGUES ?

Si vous pensez être témoin d'un harcèlement envers un(e) collègue, il y a plusieurs choses que vous pouvez faire, sans pour autant avoir l'air de vous mêler de ce qui ne vous regarde pas.

- Ne pas faire faciliter le travail du harceleur : remettre calmement en cause ses calomnies et s'inscrire en faux contre toute allégation mensongère, même si l'opinion générale est acquise à sa cause.
- Souligner objectivement toute attitude déplacée et tout agissement relevant du harcèlement : ordres contradictoires, consignes peu claires, répartition irrationnelle des tâches, etc.

- Signaler la situation au conseiller en prévention ou au responsable des ressources humaines si la situation semble vraiment dégénérer.

QUE FAIRE SI UN PROCHE, VICTIME DE HARCÈLEMENT, SE CONFIE À MOI ?

Dans ce cas de figure, rien de mieux à faire que de soutenir la victime : l'écouter, la croire, la conseiller, l'informer de ses droits, l'aider à poser les bons gestes et l'accompagner dans ses démarches.

QU'EST-CE QUE LE *MOBBING* ?

De l'anglais *to mob*, que l'on pourrait traduire par « assaillir » ou encore « attaquer », le *mobbing* n'est autre que la version anglophone du harcèlement moral. D'aucuns emploient également ce terme pour désigner le harcèlement dit « de groupe », lorsque plusieurs individus se liguent contre un seul.

LE HARCÈLEMENT PEUT-IL ÊTRE ORGANISÉ ?

Il arrive malheureusement que le harcèlement soit planifié par l'entreprise elle-même. En poussant un ou plusieurs employés à démissionner, elle s'assure de ne pas avoir à leur payer d'indemnités de licenciement ainsi qu'à ne pas écorner son image de marque avec une vague de renvois abusifs.

QUE RISQUE-T-ON SI L'ON PORTE PLAINTE POUR HARCÈLEMENT ?

En Belgique comme en France, la partie plaignante est protégée et ne peut plus être licenciée aussitôt la plainte pour harcèlement déposée et enregistrée. Ses conditions de travail ne peuvent pas non plus se voir modifiées sans qu'il ait marqué son accord au préalable. Pas de risque, dès lors, d'être mis à la porte ou de se voir soudain cantonné aux tâches les plus ingrates en guise de représailles.

QU'EN EST-IL DU HARCÈLEMENT SEXUEL ?

En Belgique, la question du harcèlement sexuel au travail fait toujours matière à débat. Tandis qu'en France, un individu qui porte plainte pour harcèlement sexuel est protégé de tout licenciement, ce n'est le cas en Belgique que si celui-ci invoque la loi sur le bien-être, et non le Code pénal, qui prévoit pourtant des sanctions plus lourdes ! À charge donc pour la victime de déterminer si elle est prête à courir le risque ou non.

En France, une nouvelle loi destinée à clarifier le délit de harcèlement sexuel a vu le jour le 6 août 2012. On désigne maintenant sous ce terme « le fait d'imposer à une personne, de façon répétée, des propos ou comportements à connotation sexuelle qui soit portent atteinte à sa dignité en raison de leur caractère dégradant ou humiliant, soit créent à son encontre une situation intimidante, hostile ou offensante. » Un individu reconnu coupable de harcèlement sexuel est passible de deux ans de prison et 30 000 € d'amende, des peines susceptibles d'être alourdies si le coupable a abusé d'une quelconque autorité conférée par ses fonctions. De plus, tout employeur est tenu par le Code du travail d'afficher dans ses locaux l'article du Code pénal relatif au harcèlement sexuel.

ASSAINIR LE CADRE

Vous dirigez une entreprise et vous aimeriez vous assurer que vos locaux n'offrent pas un terreau propice au développement de situations de harcèlement ? Servez-vous de ce que vous venez d'apprendre pour faire une check-list de ce à quoi il importe de faire attention en amont pour pouvoir ensuite agir de façon ciblée. Vous mettrez alors toutes les chances de votre côté.

Actions des employeurs

OBSERVATIONS		ACTIONS
Radiateurs/climatiseurs en bon état	Oui/Non	
Matériel de bureau adapté et suffisant	Oui/Non	
Matériel de bureau justement réparti	Oui/Non	
Climat de travail non compétitif	Oui/Non	
Existence de canaux de transmission de l'information	Oui/Non	
Dialogue favorisé au sein de l'entreprise	Oui/Non	
Activités de team building	Oui/Non	
Consignes claires par rapport aux tâches de chacun	Oui/Non	
Tâches équitablement attribuées	Oui/Non	
Feedback personnel et régulier	Oui/Non	
...	...	

DÉCELER LE HARCÈLEMENT

En proie au doute ? Hésitant quant à la véritable nature d'une relation, ne sachant pas s'il y a lieu de parler de harcèlement ou non ? Appliquez simplement à la situation équivoque une grille de lecture inspirée des connaissances que vous venez d'acquérir et tirez vos propres conclusions !

Grille de lecture du harcèlement

S'IL Y A HARCÈLEMENT, LES FAITS/ACTES :	OBSERVATION ?
se répètent et s'inscrivent dans la durée	Oui/Non
sont souvent dirigés contre la même personne	Oui/Non
isolent physiquement et/ou psychologiquement	Oui/Non
visent à humilier personnellement	Oui/Non
ne s'attachent pas à critiquer le travail de façon constructive, mais à dévaloriser la personnalité	Oui/Non
ralentissent et/ou gênent le travail	Oui/Non
sont l'œuvre d'un individu par ailleurs apprécié au sein de l'entreprise	Oui/Non
...	...

AGIR CONTRE LE HARCÈLEMENT

La conclusion est sans équivoque et ne laisse plus aucune place au doute, il y a bien harcèlement moral ? Établissez un plan d'action en plusieurs étapes en suivant les « top conseils » dispensés ci-dessus. Vous vous assurerez ainsi de mettre toutes les armes de votre côté (ou de celui de la victime, si vous n'êtes que témoin de la situation) et de ne pas aller inconsciemment dans le sens du harceleur.

POUR ALLER PLUS LOIN

SOURCES BIBLIOGRAPHIQUES

- Gava (Marie-Josée), *Harcèlement moral : comment s'en sortir ?*, Paris, Prat, 2007.
- Hirigoyen (Marie-France), *Le harcèlement moral : la violence perverse au quotidien*, Paris, La Découverte, 1998.
- *Le harcèlement moral au travail : nouveau terrain d'action syndicale*, Bruxelles, Centrale nationale des employés, 2002.
- « LOI n° 2012-954 du 6 août 2012 relative au harcèlement sexuel », in *legifrance.gouv.fr*, consulté le 10 février 2015. http://www.legifrance.gouv.fr/affichTexte.do?cidTexte=JORFTEXT000026263463&categorieLien=id
- *On ne joue pas avec le harcèlement !*, Bruxelles, Confédération des syndicats chrétiens, 2006.
- Rulkin (Dominique), « Harcèlement moral au travail », in *LePsychologue.be*, consulté le 10 février 2015. http://www.lepsychologue.be/psychologie/harcelement-moral.php
- Staquet (Pascal), « Loi relative au harcèlement : entrée en vigueur le 1er juillet 2002 », in *DroitBelge.Net*, consulté le 10 février 2015. http://www.droitbelge.be/news_detail.asp?id=73

Éditeur responsable : Lemaitre Publishing
Rue Lemaitre 6 | BE-5000 Namur
info@lemaitre-editions.com

ISBN ebook : 978-2-8062-6227-1
ISBN papier : 978-2-8062-6378-0
Dépôt légal : D/2015/12603/154
Photo de couverture : © lassedesignen - Fotolia.com

Conception numérique : Primento,
le partenaire numérique des éditeurs

Made in the USA
Monee, IL
07 July 2026

56545975R00020